自主学习的力量

让孩子变主动的
「自我管理法」

[日] 石田胜纪 著 连雪雅 译

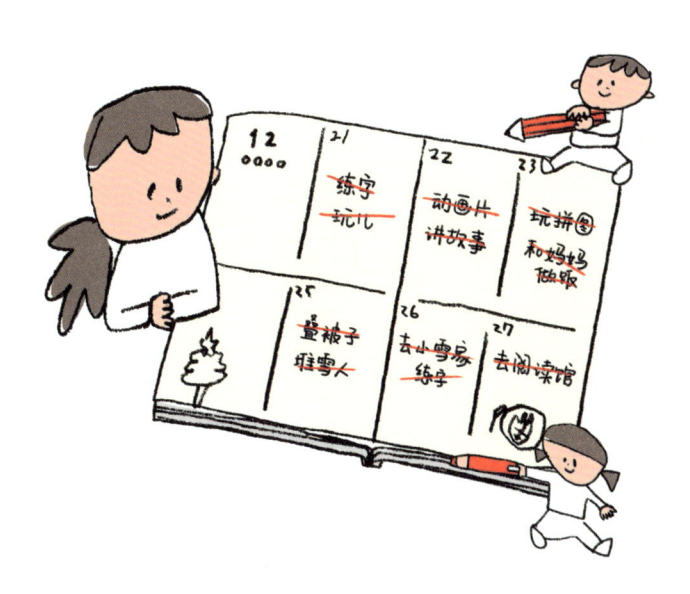

中信出版集团 | 北京

图书在版编目（CIP）数据

让孩子变主动的自我管理法/（日）石田胜纪著；
连雪雅译. -- 北京：中信出版社，2022.6（2023.2重印）
（自主学习的力量）
ISBN 978-7-5217-4100-1

Ⅰ.①让… Ⅱ.①石…②连… Ⅲ.①自我管理学-
青少年读物 Ⅳ.① C936-49

中国版本图书馆 CIP 数据核字（2022）第 040204 号

勉強しない子には「1冊の手帳」を与えよう
BENKYOU SHINAIKO NIHA "1 SATSU NO TECHOU" WO ATAEYOU !
Copyright © 2015 by Katsunori Ishida
Illustrations © 2015 by matsu（マツモト ナオコ）
Original Japanese edition published by Discover 21, Inc ., Tokyo , Japan
Simplifed Chinese translation copyright © 2022 by CITIC Press Corporation
ALL RIGHTS RESERVED
本书仅限中国大陆地区发行销售

让孩子变主动的自我管理法
（自主学习的力量）

著　　者：[日]石田胜纪
译　　者：连雪雅
出版发行：中信出版集团股份有限公司
　　　　　（北京市朝阳区东三环北路27号嘉铭中心　　邮编　100020）
承　印　者：北京联兴盛业印刷股份有限公司

开　　本：880mm×1230mm　1/32　　印　　张：3.75　　字　　数：90千字
版　　次：2022年6月第1版　　　　　印　　次：2023年2月第2次印刷
京权图字：01-2022-1344
书　　号：ISBN 978-7-5217-4100-1
定　　价：39.80元

出　　品：中信儿童书店
图书策划：知学园
策划编辑：姜晓娜　刘欢　　责任编辑：任长玉　　营销编辑：张远　姚梦云
插画作者：matsu（マツモト ナオコ）　　　　　　装帧设计：李然

版权所有·侵权必究
如有印刷、装订问题，本公司负责调换。
服务热线：400-600-8099
投稿邮箱：author@citicpub.com

前言

大家好，我是石田胜纪。我在日本横滨市经营一家以中小学生为辅导对象的补习班——绿进学院。至今已有三十多年时间，指导过近五万名学生，几乎所有学生的学习能力都有了很大的提升。

经常有对教育满怀热忱的家长来向我咨询，各位知道我最常遇到的问题是什么吗？那就是："我家孩子不爱学习，怎样才能让他主动学习呢？"家长的心情，我特别理解。正在阅读这本书的你，一定也希望自己的孩子能够主动学习。

每当被问到那样的问题，我总是这么回答：

"其实许多家长都有这样的烦恼。能够自己主动学习的孩子真的很少。为了让孩子学习，父母自然会产生送孩子去补习的想法。有些孩子在补习班的确很认真。但有些孩子却并非如此，原本期望孩子进了补习班会好好读书，结果却不如预期。"

"孩子不想学习的理由有很多，父母常对孩子说的'快去学习！'，就是常听到的代表性理由之一。听到父母说'快去学习！'，很多孩子不会想'好，我现在就去！'，而是会有'学习真讨厌'的感觉。"

"是的！命令式的指示非但没有效果，甚至还可能适得

I

其反。"

也就是说,家长"快去学习!"的催促,事实上对孩子往往没什么用。

"快去学习!"会让孩子更讨厌学习

我与一位初中二年级学生的妈妈在她送孩子进补习班学习时,曾经有过这样一段对话:

我问那位妈妈:"您家的孩子在家喜欢学习吗?"对方诚恳地回答:"完全不喜欢,连学校的作业也不愿意写。我本来以为他进了补习班,多少会学一些。"

下面是面谈的后续内容:

> 我:"为了提高孩子的成绩,我们认为良好的生活习惯(如懂礼貌、守时、有条理)很重要,我们将依据这样的理念来指导孩子们养成良好的生活习惯。您可以接受吗?"
>
> 孩子母亲:"麻烦老师了,您觉得该怎么做就怎么做。"
>
> 我:"我想请问,您家孩子是从什么时候开始不喜欢学习的?"
>
> 孩子母亲:"上初中之后就变成这样了。上小学的时候,

除了写作业，我在家很少看到他主动学习，不过，学校的课业还是勉强应付得了。"

我："孩子上初中后，您有没有在家对他说'快去学习！'之类的话呢？"

孩子母亲："有啊，我每天都在说，但他就是当成耳边风。"

我："您知道'快去学习！'这种话，会让孩子变得讨厌学习吗？"

孩子母亲："真的吗？可是，我不说他的话，他更不会去学习啊。"

我："就是因为您总是把这句话挂嘴上，孩子才不喜欢学习的。说得夸张点，您每说一次'快去学习！'，孩子的逆反心理就可能更严重一点。"

对孩子来说，每当听到父母催促他学习，内心就会不自觉地产生排斥感。

这就好比丈夫对妻子说"你今天炸肉好不好""明天要煮咖喱哟"，还不如说"今天的晚餐非常好吃"，这样更能鼓励他的妻子，让她做出更美味的菜肴。

人类的心态就是如此，越是强制和命令，越无法激发动力。

如何提高孩子的学习动力

不过,硬是要父母不对孩子说"快去学习!",反而会让家长有压力。长久累积下来的压力万一哪天爆发了,恐怕会对孩子造成更大的伤害。

那么,应该怎么做才好呢?我为各位介绍两个好方法。

第一,把"快去学习!"换成"把该做的事做一做"。

在孩子心中,父母不是老师,听到父母催促学习,自然会厌烦。但是,如果是孩子本来就有义务要做的事,就算觉得不耐烦,孩子也还是会接受的。"做该做的事"是一种道德观念,孩子不会轻易抗拒。

有些孩子因此会主动学习,但还是会有不愿主动学习、勉为其难去学的孩子。那就试试第二种方法。

使用"魔法手账"。这里并不是要你去买孩子专用的手账,而是选孩子喜欢的手账。让他自己在手账里写下该做的事(学习或帮忙做家务、写作业等),完成之后就用红笔划掉。

我发现,从幼儿园到高中,很少有孩子有用手账的习惯。因为他们没有记录预定事项的需要,每天的课程作息几乎都是依照学校的课表安排。而且孩子的大部分安排都是固定的,不像大人们会有特别的行程。但是,让孩子使用手账其实有很重要的意义。

如果仔细观察孩子每天该做的事情,你会发现:即使孩子每天该做的事都差不多,能够熟练完成的孩子也不多。尤其是很多孩子都是听到妈妈带着责骂的语气说"快去学习!""功课写了没?",才勉强去完成。

为什么会变成这样呢?因为学习对孩子来说是很麻烦且缺乏吸引力的任务,令他们提不起精神。想要让孩子对学习产生兴趣,那就使用魔法手账吧。

我从事教育工作多年,指导过许多孩子,从长久的经验中发现,必须采用"动力"与"方法"并重的双重指导方针。"动力"代表内心的状态,"方法"则使行为达成。

"魔法手账术"便是激励他们行动的方法。

让孩子使用手账,写下该做的事,做完后划掉,你会发现,原本不喜欢学习的孩子也都变得愿意主动学习,效果真的很神奇哟!

"集点数"也是有效的方法

为了让孩子更有动力、更有意愿，还可以试着加入"集点数制度"。也就是说，完成一项任务后，就可以得到一个点数，让孩子持续累积点数。

当孩子考试考到好成绩时，给孩子零用钱或者买礼物是很常见的奖励方式。相信也有很多家长采用过这样的方式来激励孩子。但是，这种方法的重点放在了"完成了就给奖品"的结果上，与我想要传达的重点有些不同。

一般来说，魔法手账术使用的规则是完成一件该做的事就能获得点数，注重的是过程。

就像刷牙是每天必须要做的事，孩子渐渐能把学习当成习惯，这便是使用手账的目的。完成每天预定的事项从而得到相应的点数，孩子会因此获得成就感，激发内心主动学习的欲望。然后，养成了学习习惯必定会产生好的结果。

关于集点数的问题，有些人会担心："孩子为了点数学习，这样好吗？"但根据过往的案例来看，并不会发生这样的事，请各位放心。

就像有些幼儿园会给来上课的小朋友发贴纸。一开始，确实有孩子为了拿贴纸而去上课，当孩子日复一日渐渐养成习惯后，他们便不会再为了拿贴纸才去幼儿园了，运用集点数制度也有着类似的道理。

在本书中，我将与各位分享魔法手账的用法。过去我曾把它的简单使用方法编成手册送给家长，也得到不少颇有成效的反馈。因此为了帮助大家快速掌握魔法手账的使用方法，本书中加入了一些成功案例供您参考。

最后，衷心期盼通过魔法手账术能让更多孩子学会主动学习，让家长们轻松陪伴孩子成长。

石田胜纪

目录

第 1 章

魔法手账这样用最有效

案例 1

第一天就有效！不仅主动学习，还经常考满分 ········· 3

为什么想尝试魔法手账术 ······································· 3

如何使用手账 ·· 4

集点数的规则和方法 ·· 5

孩子有了怎样的改变 ·· 8

案例 2

做事不拖拉，更有计划性！还学会了如何对待金钱 ······ 13

为什么想尝试魔法手账术 ······································· 13

如何使用手账 ·· 14

集点数的规则和方法 ·· 14

孩子有了怎样的改变 ·· 15

案例 3

自制手账不仅能提高孩子的学习兴趣，也是促进亲子沟通的工具 ······ 21

为什么想尝试魔法手账术 ······································· 21

IX

如何使用手账 ·· 22
　　集点数的规则和方法 ·· 24
　　孩子有了怎样的改变 ·· 25

案例 4

使用月计划式魔法手账，低年级学生也会变得很主动 ········· 30
　　为什么想尝试魔法手账术 ·································· 30
　　如何使用月历和手账 ·· 31
　　集点数的规则和方法 ·· 31
　　孩子有了怎样的改变 ·· 33

案例 5

原本就认真学习的小学生，现在变得更积极 ················ 41
　　为什么想尝试魔法手账术 ·································· 41
　　如何使用手账 ·· 41
　　集点数的规则和方法 ·· 42
　　孩子有了怎样的改变 ·· 43

案例 6

有多动症的孩子也能自己制订计划 ························· 47
　　为什么想尝试魔法手账术 ·································· 47
　　如何使用手账 ·· 48
　　孩子有了怎样的改变 ·· 50

第 2 章

制作魔法手账

使用魔法手账的四个步骤 ······ 54

- **步骤 1** 　陪孩子去文具店，选一本他喜欢的手账 ······ 55
- **步骤 2** 　让孩子写下一周的安排 ······ 55
- **步骤 3** 　完成的事，用红笔划掉（没做完的不能划掉）······ 57
- **步骤 4** 　周末时，将划掉的事项换算成点数 ······ 58

提高十倍效果的四个重点 ······ 62

- **重点 1** 　设定红利点数 ······ 62
- **重点 2** 　制定家规 ······ 63
- **重点 3** 　设定做例行事项的时间 ······ 65
- **重点 4** 　兑换点数 ······ 67

魔法手账的三大优点 ······ 71

- **优点 1** 　培养孩子积极的心态 ······ 71
- **优点 2** 　提高孩子的学习能力 ······ 73
- **优点 3** 　帮助培养孩子健全的人格 ······ 74

提高积极性的方法 ······ 76

XI

第3章

这时候该怎么办？
关于魔法手账的问与答

关于手账的使用方法 ·········· 80
大多数孩子喜欢用活页手账 ·········· 80
可以用贴纸代替红笔吗 ·········· 81
做图表来统计点数，能提高孩子的学习意愿吗 ·········· 82

关于手账的记录 ·········· 83
未完成的事项该怎么处理 ·········· 83
想多写点儿手账的内容 ·········· 84
孩子没有每天划掉已完成事项的习惯 ·········· 84
孩子总是不做某一件事 ·········· 85
完成的事很少，一直这样该怎么办 ·········· 86

关于点数的疑问 ·········· 87
孩子说他想把点数兑换的存款提出来 ·········· 87
可以中途提高点数吗 ·········· 88
因为很忙，没办法陪孩子统计点数 ·········· 89
孩子对得到的点数不满意 ·········· 90

与孩子相处时的疑问 ································· 91
父母不可以做的事是什么 ···························· 91
孩子说谎怎么办 ·· 92
如何提高孩子的兴趣 ·································· 93
孩子在手账上动歪脑筋 ······························· 94
孩子吵着要买新手账 ·································· 95

后记
让孩子保持"绝对积极" ··························· 96

第1章

魔法手账这样用最有效

首先，我要先为各位介绍实际使用过魔法手账术的妈妈们的经历，每位妈妈都依据自己孩子的个性，想出了适合的用法。虽然案例中孩子们的年龄、性别与家庭环境各有不同，但是各位看完就会知道，魔法手账的确是很有效的工具。

就像每个人面对的问题各不相同，但是都有个共通点，那就是，如果妈妈没有去叮咛提醒，孩子就不会主动去做。这样的情况可以通过魔法手账术来改善。而且，这些孩子不是因为被要求而做，而是主动去做。案例中也提到一个患有注意缺陷多动障碍（ADHD）的孩子。听说那个孩子用了魔法手账术之后，效果非常好，这也让我感到非常欣慰。

这些妈妈们是怎么使用魔法手账术的呢？使用后又有什么样的效果？让我们一同来分享她们的心得。

案例1

第一天就有效！
不仅主动学习，还经常考满分

A女士　　**幼儿园大班男生、小学三年级男生**

第一个是家中有上幼儿园大班和小学三年级的孩子的A女士的例子。

在她的孩子开始使用魔法手账的当天，就有了效果！

为什么想尝试魔法手账术

我家的孩子每天都会写作业，总的来说，他们在主动完成作业方面表现得还可以，但他们的态度并不积极。对于学校或托管班布置的作业或习题这些每天该做的事，他们往往会随便应付，也常常忘了做。到了最后关头才想起来，急忙补做的情况也不少。

而且，我家老大考试考到八十分左右他就很满足了，对计算时粗心造成的错误总是不以为意，完全不会想努力考满分。

如何使用手账

刚开始是由我来写手账内容的，大概过了五个月后才换孩子们自己写。

两兄弟是共享一本手账，因为我想让他们彼此有个良性竞争，最后的结果也让我觉得比各自用一本效果好。

他们用的是跨页的周计划手账，我在周计划表上画了线，线的上方给哥哥用，下方给弟弟用。记录的内容包括每天要做的习题等。内容不多，几乎都是例行性的事情。

两个孩子都是起床后做习题，这已经是兄弟俩的习惯了。7点～7点半做习题，7点半～8点吃早餐，然后去上学。他们之所以在早上做习题，是为了下午放学回家后可以跟朋友玩。

所以，孩子们早上6点多就起床了，下午他们会和朋友尽情玩耍。

这本是A6尺寸的小手账，有精致的封面，很可爱。

集点数的规则和方法

特别运用红利点数制度

我会用贴纸代表红利点数，1张贴纸代表5点。学校的考试如果考满分就能获得1张贴纸，也就是得到5点。每次散步都能获得1张贴纸。珠算或其他等级考试，通过了就能获得红利点数，并且每通过一级考试，便能获得500日元。到了周日，我会一边与孩子聊天，一边统计他们得到的点数。

星期六也会做习题，但星期天就不做了。假如星期六没做完习题或其他作业的话，星期天可以接着做，不过做不做要让孩子自己决定。做的话可以拿到点数，不做的话就没有点数，让孩子自行决断。

到了月底，统计并结算当月的点数，让孩子知道自己得到了多少点数，让他们产生竞争的心态。

点数，就是孩子的存款

我家没有给孩子零用钱的习惯，所以孩子会把点数当成存款。孩子有需要时，可以用累积的点数兑换钱，购买想要的东西。

让孩子变主动的自我管理法

	20 星期一	21 星期二	22 星期三
	伸展操 习题 作业 诗歌纸牌游戏 生字练习	伸展操 习题 作业 生字练习 诗歌纸牌游戏	习题 作业 生字练习 诗歌纸牌游戏
	晚间舞蹈 习题 古诗	晚间舞蹈 习题 古诗	习题 古诗
23 星期四	24 星期五	25 星期六	26 星期日
习题 作业 生字练习 诗歌纸牌游戏	习题 作业 生字练习 诗歌纸牌游戏	习题	作业 生字练习 诗歌纸牌游戏
习题 古诗	习题 古诗	习题 古诗	

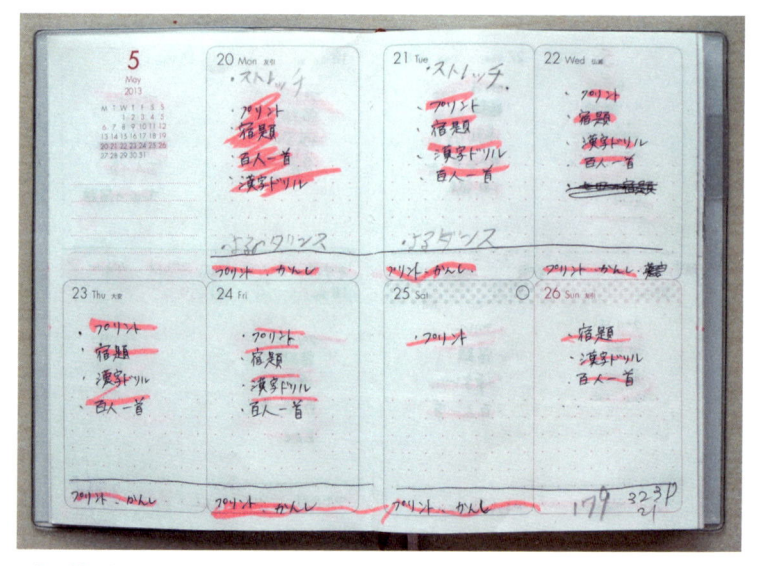

刚开始时

由妈妈写下孩子们每天该做的事。线上面是哥哥要做的内容，下面是弟弟要做的内容，让两个孩子彼此竞争。

	21 星期一	22 星期二	23 星期三
	习 古 诗 作	习 古 诗 作	习 古 诗 作
	习古	习古	习古
24 星期四	25 星期五	26 星期六	27 星期日
习 古 诗 作	习 古 诗 作	习 古 诗 作	古
习古	习古	习古	

5个月后

孩子开始自己写手账，为了方便，会用孩子自己习惯用的缩写，如："习"代表习题、"诗"代表诗歌纸牌、"古"代表古诗、"作"代表作业。

当然，有了想要的东西，孩子总会控制不住想买的冲动，但我会请他们仔细想想那个东西是否真的需要买。假如把钱存起来，金额（点数）会增加，用掉了就会减少，孩子自然不会随便乱花钱。

孩子有了怎样的改变

忘记写作业的情况完全消失

我们家孩子刚开始使用魔法手账时，当天就有效果了。就算我没有去盯着孩子，他们也会主动学习。我真的很惊讶！看似很简单的方法，却让孩子变得很主动。

效果最好的时候是在暑假。暑假时不用上学，孩子容易变得懒散，但每天持续写手账的话，至少不会遗忘基本该做的事。

在上小学这段时间，每天持之以恒地进行学习很重要。持续就是力量，学校的考试也能考高分。以往孩子总觉得考八十分左右就很好了，现在对考满分有强烈的愿望，考满分的次数也变多了。更重要的是，忘记写作业的情况完全消失了。也许是因为手账上记了要写的作业，孩子便没有忘记写作业。他们真的改变了很多。

第 1 章·魔法手账这样用最有效

〈珠算〉		〈等级考试〉	1 张贴纸……5 点
9 级	4 级	9 级	
8 级	3 级	8 级	红利点数是什么？
7 级		7 级	→ 学校考试考 100 分换 1 张贴纸
6 级		6 级	散步 1 次换 1 张贴纸
5 级		5 级	等级考试通过（500 日元）
〈汉字等级考试〉			
10 级	6 级		
9 级	5 级		
8 级	4 级		
7 级	3 级		
〈英语等级考试〉			
铜级	4 级		
银级	3 级		
5 级			

我家的红利点数贴纸

用贴纸代表红利点数，一目了然。贴贴纸也成了一种乐趣。手账右页列出了计算规则，便于了解。

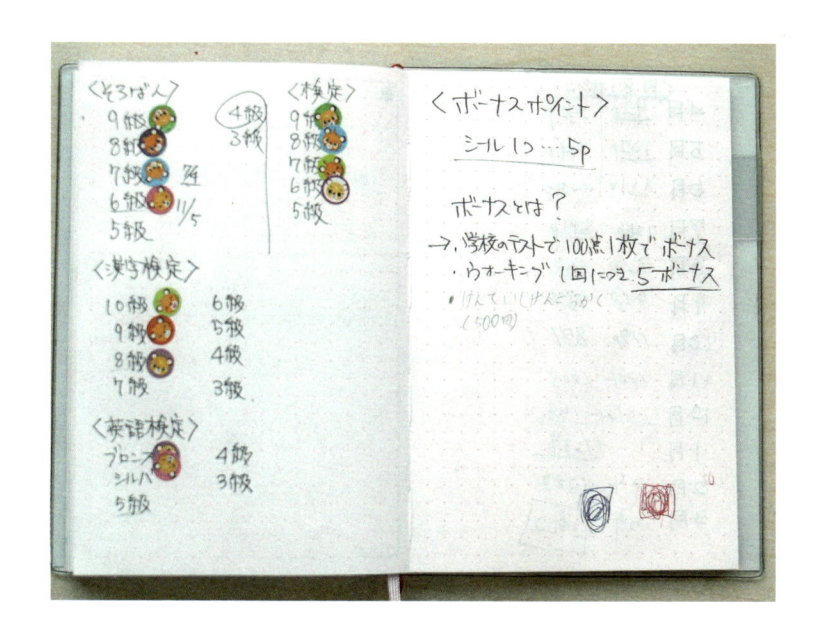

遵守家里的规定

使用魔法手账过了一个月后,孩子们已经养成习惯。我心想,就算没给点数他们也会做吧,但是集点数奖励的效果很棒,所以我们家到现在仍然使用集点数制度。

当然有利也有弊,我们也想到孩子很有可能会为了取得点数,而用红笔划掉该做却没做的事。因此,一旦发现孩子说谎,过去一个月的点数就得全部归零。

此外,我们家也制定了几条家规:

·早睡早起。

·遵守约定,不能说谎。

·东西要整理好。

周末和孩子聊天时,我问他们能不能做到,他们目前仍在努力适应。但孩子能主动意识到这些事,我已经很满意了。

> **作者讲评**
>
> A女士为了让孩子养成正确的生活习惯、树立正确的道德观念，使用了手账。其实，使用魔法手账，孩子不仅在学习上会变得积极主动，他的道德感也会有所提高。看样子，使用魔法手账的确很有效。
>
> 而且，让孩子积极地想考满分也是很棒的事。假如孩子总是抱着"八十分就好了"的想法，就会变得安于现状。孩子有了"想考一百分"的念头，自然会调整心态，主动学习。
>
> 即便周围的人不断地说着"要考一百分！"，也很少有孩子会乖乖向这个目标努力。必须让孩子自己产生"我想考一百分"的念头。
>
> 使用魔法手账，有助于激发孩子的学习动力。

| 总结 | 使用魔法手账术的效果 |

- 经常考满分。
- 就算父母不提醒,也会主动学习。
- 懂得自己分配时间。
- 能够养成良好的生活习惯,树立正确的道德观念。

案例 2

做事不拖拉,更有计划性!
还学会了如何对待金钱

B 女士　　小学二年级男生、小学五年级男生

B 女士有三个孩子。她让自己上小学五年级和上小学二年级的孩子试用了魔法手账术。

据 B 女士反馈,在两个孩子身上都有了惊人的效果。究竟是怎样的效果呢?

为什么想尝试魔法手账术

之前,听过石田老师对魔法手账术的介绍后,我就很感兴趣。

我家孩子写作业时总是拖拖拉拉的,从没想过自己为什么要做那些作业,到底做了多少。我想用手账或许可以解决这样的问题,于是便开始使用手账。

如何使用手账

我买了方便书写、笔记本大小的薄手账。低年级孩子写的字通常会偏大，这样大小的手账对他们来说简单又好用。儿子们也说用起来很方便。

刚开始向儿子们说明怎么使用时，坦白说他们的反应是"好麻烦哟"。不过，对集点数制度，他们知道完成任务就能获得点数，就像过闯关游戏一样。而且在了解到点数还能换成奖品后，他们似乎变得很有兴趣。

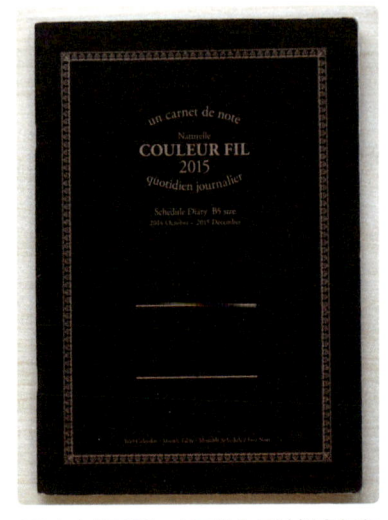

B5 大小的手账，内页分为月计划表与备忘录。

集点数的规则和方法

关于点数的设定，我们家是写完一次作业得 1 点，考试通过及帮忙做家务得 2 点，因为儿子们觉得这像是在玩游戏，所以都相当地乐在其中。

因为可以得到 2 点，所以请他们帮忙做家务时，他们不再表现得心不甘情不愿。考试考一百分将获得红利点数（3点），这也变成了一种鼓励。儿子们现在每天都很开心地累积点数。

孩子有了怎样的改变

做事懂得规划

就像刚开始提到的那样，我家孩子写作业时总是拖拖拉拉的。

在使用了一段时间的手账后，孩子渐渐能够为自己设定合理的目标，并且对自己所需要付出多少努力也能做到心中有数，他们比以前更能感受到成就感。而且，先写好要完成的事项，就会知道自己必须在什么时候完成哪些事，做事也变得有计划性。

对金钱的基本概念有了了解

我让孩子把点数换成零用钱。于是，他们将钱存起来，仔细思考要怎么使用，同时了解金钱的基本概念。

至少对我家孩子来说，使用魔法手账带来了惊人的效果，我也打算让他们继续使用下去。

1	2	3	4	5	6	7
8	9	10	11	12	13 学数学	14 上学 写作文
15 帮忙做家务 打扫浴室 练字	16 上学 写作文 练字	17 打扫浴室 阅读 练字	18 学数学 上学 阅读 练字	19 上学 练字	20 上学	21 上学 写作文
22 上学 读书	23 上学 阅读 写作文	24 上学 练字	25 学数学 练字 上学	26 读书 学数学 练字	27 上学 读书	28 读书 上学 写作文 学数学
29 上学 练字	30 上学 练字	31 上学 练字				

开始时

刚开始时预排事项较少，先以不会让孩子感到有压力的程度进行。

第 1 章・魔法手账这样用最有效

						1 朗读 写日记
2 朗读 学写字 练字 打扫浴室	3 朗读 上学 练字	4 朗读 上学 练字	5 朗读 上学 练字 洗澡	6 朗读 上学 练字	7 练字	8 上学 写作文 练字
9 朗读、上学 练字	10 朗读、上学 打扫浴室	11 上学 朗读	12 上学、朗读 练字	13 上学、朗读 练字	14 练字 阅读	15 上学、朗读 阅读
16 朗读、上学 练字	17 朗读、上学 练字	18 朗读、上学 练字	19 朗读、上学 练字	20 朗读、上学 练字	21 练字 阅读	22 上学、朗读 阅读
23 练字、上学	24 练字、阅读 洗澡	25 练字 阅读	26 练字 阅读	27 阅读	28 阅读	29 练字 阅读
30 练字	31 练字	练字				

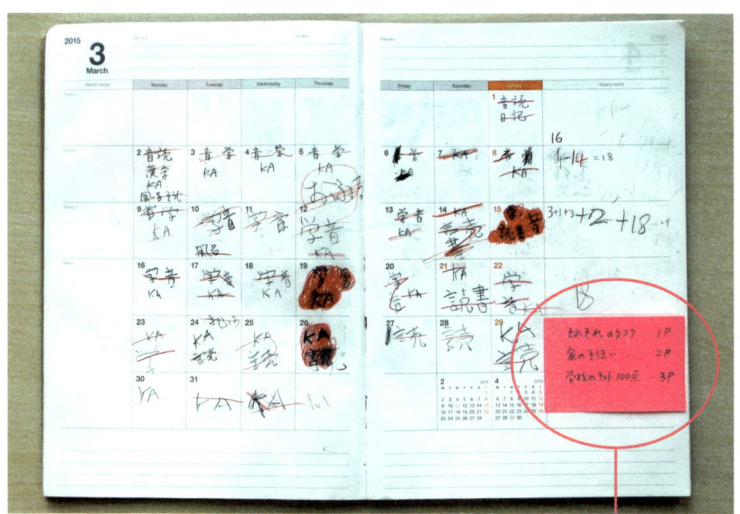

4 个月后

预排事项变多了,并加上红利点数的计算方法。

红利点数写在便利贴上,
可以改变粘贴的位置。
日常任务……………1 点
帮忙做家务…………2 点
学校考试考100分……3 点

> **作者讲评**

B女士的分享有几个非常重要的点。第一点是孩子觉得用手账像在玩游戏，乐在其中。

为什么孩子在玩游戏时都很开心，学习时却提不起兴趣呢？因为学习的方式太单调、太无趣了。让学习变得快乐很重要，只要让孩子乐于学习就可以了。大部分孩子很诚实，家长很容易就能察觉他们开不开心。从孩子们乐在其中的反应可知，他们已经忘记自己是在学习，而是沉浸在逐一完成目标的乐趣之中。

过去我指导过很多很会学习的孩子，他们也不把学习当任务，总是很享受的样子。因为B女士的分享，我重新想起了这件事。

B女士也采用了集点数制度。她说还因此让孩子有了了解金钱的机会，能够这样巧妙地运用集点数的方式，真是太棒了。

孩子每个月拿到零用钱，养成自己管理金钱的习惯，这是非常棒的事。

或许有人会想，孩子每个月都能拿到一定金额的钱，这么做对孩子并不好。如果是毫无条件地给孩子钱，也许真的不妥。但我认为每个人到社会上工作，都会拿到一笔等价的报酬。为了让孩子对金钱有基本的认知，从小开始，当他们完成某件事，就该给他们零用钱。

无条件地给予孩子金钱是不可取的。所以，使用魔法手账术，让孩子了解完成某件事就能得到报酬，达成目标就能得到回报，这点我倒是很认同。

不过，如果变成只为钱工作（大人也一样），人生会变得很无趣，千万别变成金钱的奴隶。给零用钱只是肯定孩子付出的一种方式，别让孩子满脑子只想着零用钱的事，这点必须留意。

通过 B 女士的经历可以知道，开始时孩子是为了多拿些点数换零用钱，或是被成就感吸引而坚持写手账。等过了一段时间，孩子慢慢习惯后，孩子就会主动去做该做的事，并且认为这些事是自己理所当然该完成的。就这样，魔法手账的任务也完成了。

总结 　**使用魔法手账术的效果**

- 积极完成该做的事。
- 懂得主动帮忙。
- 做事前懂得先规划。
- 树立基本的金钱观念。

案例 3

自制手账不仅能提高孩子的学习兴趣，也是促进亲子沟通的工具

C 女士　　小学一年级男生

第三个是家里有上小学一年孩子的 C 女士的例子。

C 女士没有买市面上的手账，而是和孩子一起动手做手账，真令人佩服。

不过，她为什么要这么做呢？一起来看看她怎么说。

为什么想尝试魔法手账术

因为孩子才上小学一年级，要做的事不多。可是，他还需要上一些才艺课和参加才艺活动，所以我觉得应该把一周的规划清楚地罗列出来，因此我决定让孩子使用魔法手账。

如何使用手账

不买市面上卖的手账，自己做手账

因为孩子才上小学一年级，想要让他把字完全写在方格里并不容易，所以我们没有去买手账，而是自己做了一本。或许是因为用几张纸就能做出适合的手账，这样的感觉很有趣，孩子对于用自制的手账写一周的规划很感兴趣。

用贴纸颜色区分事项，一目了然

我们会在每周的第一天写好当周要做的事项。对事项做好分类，用不同颜色的贴纸区分。

- 红色　学校活动
- 蓝色　娱乐活动
- 黄色　才艺活动
- 绿色　其他

到了晚上，让孩子将当天完成的事项用红笔圈起来。同时，也记下未完成的事项并且分析没有做完的理由。

我也采用了集点数制度，在周末结算点数。

第 1 章·魔法手账这样用最有效

自己动手做，用复印纸钉成手账。

		要做的事		要做的事
12/17	三	捐款 200 日元 ● 钢琴课 ● 写作业 ● 上学 ● 上托管班 ●	12/21 日	准备派对 ● 自我挑战 中午 ● 自我挑战 5 点 ●
12/18	四	口袋怪兽游戏 ● 写作业 ● 上托管班 ● 练钢琴 ● 帮忙做家务 ●		● 学校活动 ● 娱乐活动 ● 才艺活动 ● 其他
12/19	五	看哆啦A梦动画片 ● 看蜡笔小新动画片 ● 上托管班 ● 练钢琴 ● 帮忙做家务 ●		帮忙做家务的红利点数 10 点 X3= 30 点 其他点数 5 点 X19= 95 点
12/20	六	游泳 ● 讲故事活动 ● 写作业 ● 练钢琴 ●		125 点

贴纸的妙用

用五彩缤纷的贴纸区分事项，翻开手账就觉得心情愉快。

23

集点数的规则和方法

寒假时，因为学校布置了帮忙做家务的作业，所以我把帮忙做家务设定为 10 个点，其他事务为 5 个点。我和孩子说："一星期拿到超过 100 点的话，我带你去买喜欢的零食。"

12/29	一	爬坡运动 ● 棒球 ● 　　帮忙做家务 放风筝 ●　　（做菜）● 学习片假名　（10 点!）
12/30	二	去小山家 ● 做纸船 ●
12/31	三	练字 ● 写福字 ● 坐船 ●　（10 点!） 帮忙做家务 （铺被子、打扫浴室）

增加红利点数

帮忙做家务可得 10 点。C 女士还特意写出来，引起孩子的注意。

因为帮忙做家务的点数较高，所以孩子也很乐意主动去做家务。就这样，学校布置的做家务的作业便轻松地完成了。我没有把点数计算规则设计得太细。累积点数可以提升成就感，但对低年级的孩子来说，复杂的点数计算方法似乎还是太难。

孩子有了怎样的改变

懂得想办法遵守期限

写出一周的规划后，孩子就知道了当周必须要完成哪些事、有哪些安排。平时从托管班回到家没多久就得上床睡觉了，所以在手账中我们不写时间，只写要做的事情。

不过，有时他也会在同一天的规划表中写上两个相同的事项。一样的项目分别标出"中午"及"5点"。问了孩子才知道，因为期限快到了，为了快点完成，他打算分散到中午和下午5点来完成这项任务。

换作是以前，孩子做事几乎没有什么规划，大多是我帮他安排进度的。但自从用了手账，孩子学会了拆解任务，并分多次来完成。这使他在遵守期限这点上有了很大的进步。

懂得自己调整要做的事

在我家,手账中要做的事的类别是用不同颜色的贴纸来分类的,哪个类别的任务多,哪个类别的任务少,一看就知道。

"再多读一会儿书吧""好像玩太久了或玩得不够",像这样,孩子懂得自己思考,调整计划。以前我告诉孩子不要只是学习或玩,要多尝试各种事情。手账能帮助我们实现这样的约定,真是太好了。

而且,通过手账,孩子也能知道放假时学校的活动减少,会多很多娱乐或做其他事情的时间,可以过不同于以往的假期生活。

了解自己很努力,增加自我肯定感

平常孩子思考的大多是第二天要做的事,只有像这个月的远足、下个月的运动会等这样的学校的重大活动,他才会记在心上。使用手账确实让孩子学会了思考更多他要做的事。

此外,日后翻阅手账,孩子会发现自己每天都做了很多事,能够认同自己很努力,增加自信心。

因为孩子还小,写在手账上的规划和完成的事项,需要我来逐一确认。不过,时间久了,他就能自己做了。事实上,

孩子的成长

同一天出现两个"自我挑战"？问了孩子才知道，那是他为了尽快完成任务而想出来的方法。

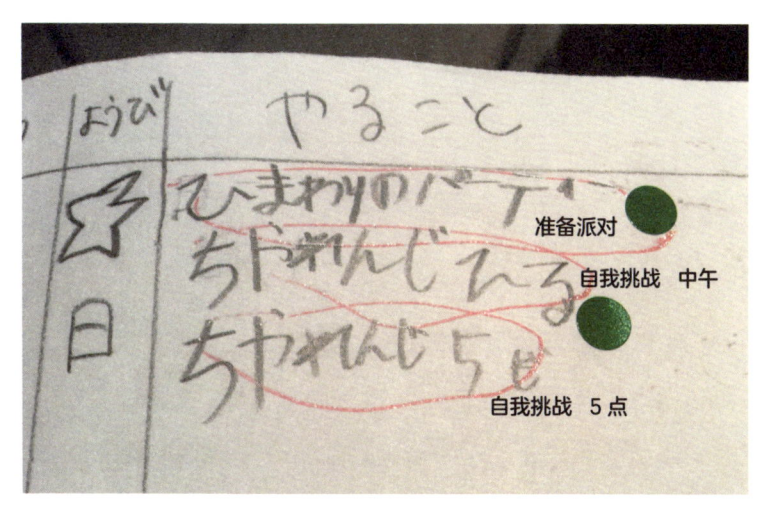

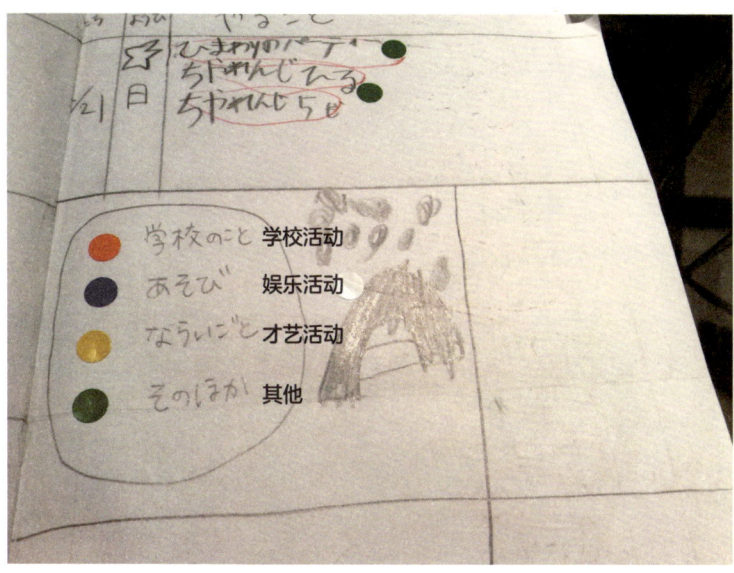

在这个阶段手账也成了我们亲子沟通的工具。更重要的是,让孩子在低年级时使用手账,他做了哪些事,父母都能知道,孩子也会觉得受到重视,感到安心。

作者讲评

C女士的魔法手账很独特,也费了不少心思在上面。自己做手账,完全个性化。看过附图我们不难猜到,手账的内容全部都是由这个小学一年级的孩子自己写的。还用不同颜色的贴纸对事项做了分类,孩子能清楚地知道自己要做哪些事,是非常理想的方法。孩子都喜欢贴纸,特别是女生,所以用贴纸的效果很好。更棒的是,C女士还提到:"自从用了手账,孩子学会了拆解任务,并分多次来完成。"

并不是重复的例行事务,而是孩子发现把任务分成两次来做可以提早完成,并且确实做到了。我完全没想到,让孩子自己用手账会有这般效果。

关于点数的统计,C女士是这么说的:"对低年级的孩子来说,复杂的点数计算方法似乎还是太难。"

数字的计算对小学一年级的学生来说确实不容易。因此，家长可以在周末时一边统计点数，一边进行亲子沟通。这时候，一定不要跟孩子说"为什么这个没做完！"之类的话，称赞完成的部分更能激发孩子的干劲儿。最后，C女士做出这样的结论："让孩子在低年级时使用手账，他做了哪些事，父母都能知道，孩子也会觉得受到重视，感到安心。"这真的很令人欣慰。

对孩子来说，感受到父母的关爱是一件非常重要的事，尤其对于小学生来说更是如此。将魔法手账当成帮助亲子沟通、建立彼此信赖关系的工具很有必要。

总结　使用魔法手账术的效果

- 孩子可以自己翻阅手账，知道自己读了多少书，了解自己很努力，提升自我肯定感。
- 懂得想办法遵守期限。
- 学会根据规划，自己思考现在应该做什么。
- 促进亲子沟通。

案例 4

使用月计划式版魔法手账，低年级学生也会变得很主动

D女士　　小学二年级女生

　　D女士的女儿是小学二年级的学生。听了我对魔法手账术的介绍后，她便跃跃欲试。

　　虽然我推荐她使用手账来记录事项，但是D女士问我："可以用月历吗？"我告诉她："当然可以啊！"

　　我们的目的是让孩子主动地去做该做的事，并且养成习惯，只要能达成目的，使用手账或月历都没关系。不过，使用手账的话，孩子比较会有"那是我的东西"的感觉。后来，D女士将二者结合换成了月计划式魔法手账。

　　D女士的女儿在使用了月计划式魔法手账后，出现了怎样的变化呢？

为什么想尝试魔法手账术

　　我女儿算是爱学习的孩子，让她学习，她会乖乖照做，唯独叫她整理东西，怎么都不愿意做。可是她在学习的时候经常边玩边学，很不专心。让她帮忙做家务更是如此，不管我怎么要求她，她从来都不做。

因为我的第二个孩子快出生了，假如女儿仍像以前那样不听话，我会很担忧她将来的学习成绩会越来越差，也害怕她养成不良的生活习惯。所以，我便试着用家中的月历当成手账来做规划。

如何使用月历和手账

最初，我是用女儿喜欢的月历作为手账。由于每栏都比较小，所以我们选择用做记号的方式记录，并且让孩子自己来写。

后来，我们决定改用手账，我陪女儿一起去买了她喜欢的样式，是一本栏大而且方便携带的薄本手账。除了日常要做的事项外，女儿还要上才艺课。我们选择了跨页的月计划式手账，便于更清晰地看到一周的安排。

集点数的规则和方法

以下是我们家计算点数的规则：

最初使用月历

刚开始使用月历记录，虽然一样有效，但是因为栏比较小，导致字写得密密麻麻的，孩子也会用字母缩写来做标记，如 H.W.S 表示学校作业、Vn 表示小提琴练习。

学校作业：5点

打扫浴室：10点

洗手漱口、整理衣物：5点

特别是写作文，每周安排一次，获得点数设定为20点；主动帮助他人的话，我也会给她特别点数20点。然后，点数累积500点可以换50日元的零用钱。

此外，我希望女儿仔细做好每件事，只要做好了，我就会给满该项目的所有点数。反之，要是敷衍了事就得不到满点。

改用手账后，点数的计算方式还是一样。一般项目设定的点数为3点或5点，至于我比较重视的项目（主动帮助他人、写作文、写报告等）则设定成较高的20点，这和使用月历时相同。

完成的事项，就用女儿喜欢的粉红色荧光笔划掉。另外，我们也常用可重复使用的贴纸。点数累积500点可换零用钱50日元，这点也和使用月历时相同。

孩子有了怎样的改变

刚开始，仅仅是让孩子学会在手账上写出自己一周中每天该做的事，就花了很多时间。

让孩子变主动的自我管理法

我家的红利点数

延续之前的点数规则，因为重视作文、帮忙做事，所以就把点数设成比较高的 20 点。

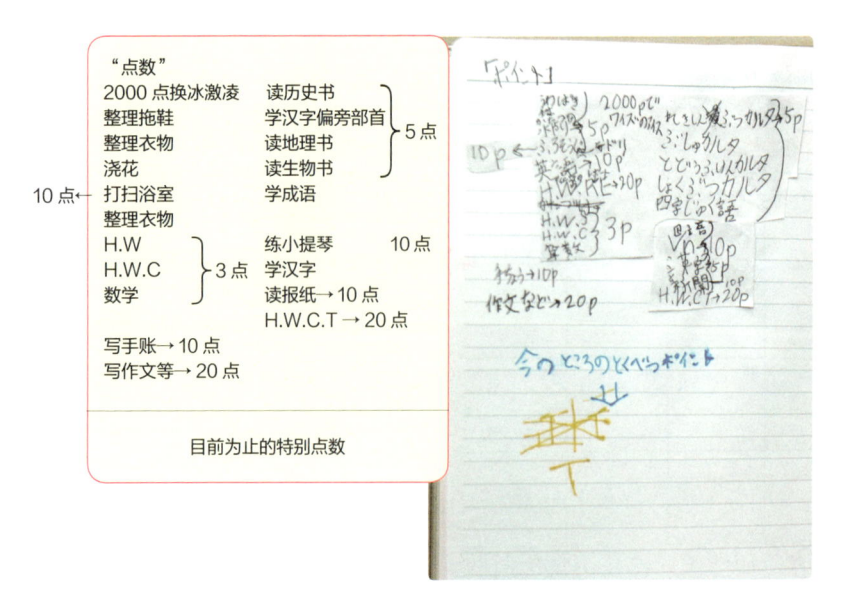

"点数"
2000 点换冰激凌　　读历史书　⎫
整理拖鞋　　　　　学汉字偏旁部首 ⎬ 5 点
整理衣物　　　　　读地理书　　⎪
浇花　　　　　　　读生物书　　⎭

10 点 ← 打扫浴室　　学成语
整理衣物

H.W　　　　　　　练小提琴　　10 点
H.W.C ⎬ 3 点　　学汉字
数学　　　　　　　读报纸 → 10 点
　　　　　　　　　H.W.C.T → 20 点

写手账 → 10 点
写作文等 → 20 点

目前为止的特别点数

所以，自第二周起，我们就改成了按天来安排孩子要做的事。这种方式显然比较容易，女儿做得很顺手，而且似乎她对此也变得很感兴趣。对于之前她经常忘记要做的事，尤其是那些无论我怎么提醒她都不肯做的事，如整理衣物、做家务、洗漱等，在第二周中女儿的态度竟然变得很积极。

现在就算不用我提醒，她也会照着手账中列出的计划去做该做的事。并且她还会主动帮忙做家务，例如打扫浴室等。以前她在学习的时候，总是边学边玩，现在学习时她很专心，能够很快就完成任务。

说到集点数制度，我原本担心用金钱或其他物品作为奖励这样的方式不妥。但后来我发现她并没有过度关注这种奖励结果，并且她对于划掉完成的事似乎乐在其中，也渐渐养成了主动做事的好习惯。

使用手账后，女儿会边看手账边说因为今天要做某件事，所以晚饭前要把某件事做完，像这样女儿慢慢有了规划的概念。此外，或许是意识到要完全自己做规划，"才艺课那天要几点出门""要带什么东西"，她会像这样写下备忘录并夹在手账里。

女儿还会为自己设定每个月的目标，也会询问家人的目标，一并写进手账里。这让我感觉到女儿变得很有上进心。

让孩子变主动的自我管理法

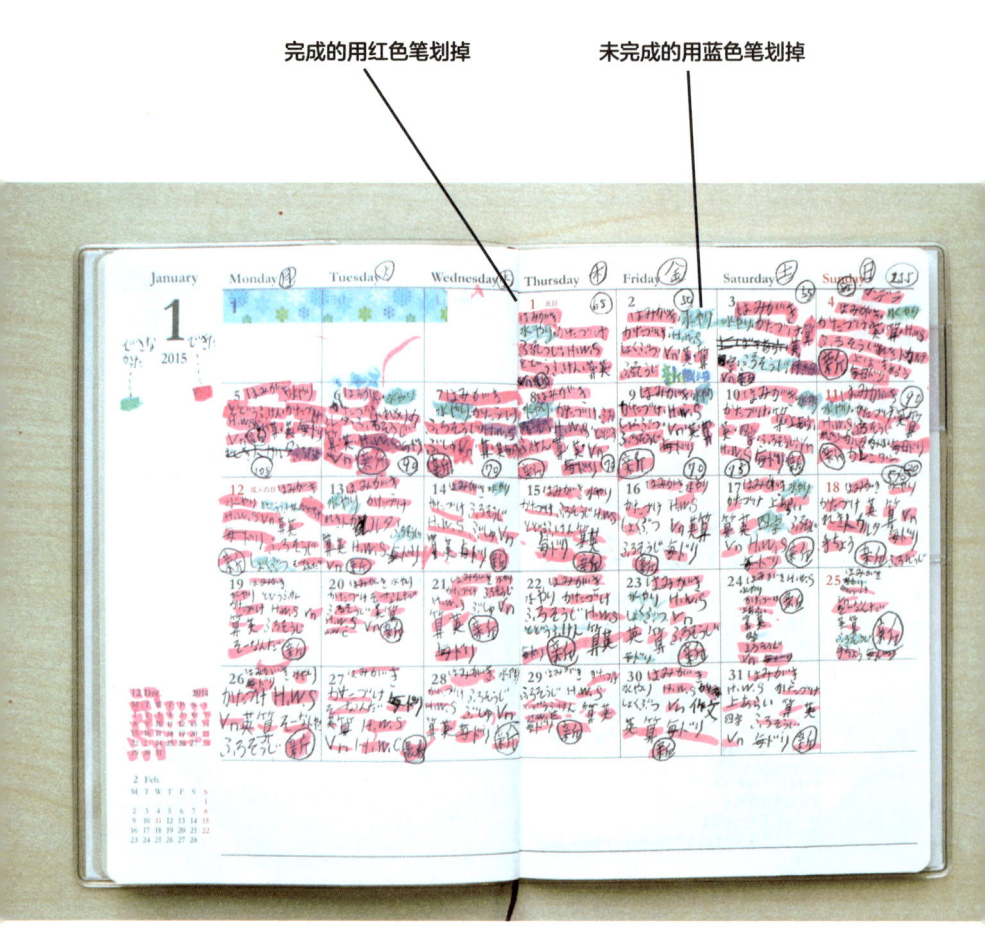

完成的用红色笔划掉　　　　未完成的用蓝色笔划掉

用颜色区分

待办事项写得满满的！但是，完成与未完成的项目会用不同颜色区分，完成的用红色笔划掉，未完成的用蓝色笔划掉。

完成度提高了

两个月后,几乎所有的待办事项都能按计划完成,整个页面看上去红红的。

女儿通过写手账渐渐学会了自我管理，思绪变得清晰，人也变得充满斗志。

作者讲评

从D女士的经历可以知道，她的女儿在做该做的事时乐在其中，而且不必被提醒就会自己做，变得非常主动。使用月历当手账后，她的女儿有了很明显的变化，愿意主动做的事变多了。如同第32页的附图所示，除了月历的日期栏内写了该做的事，栏外还写了完成目标。

从图中的字迹可以看出内容都是孩子自己写的。只是使用了家中的月历，孩子就发生了较大的变化。D女士的女儿也分享了她的感想："很多事做起来变得很开心。"听她那么说，真令人欣慰。

但有一点值得大家注意，那就是D女士用的是她女儿喜欢的月历。无论是选择手账还是月历，重点都不是爸妈喜欢，而是孩子喜欢，这是我们要知道的。如果强行让孩子使用父母给选的手账，孩子很可能会有被父母监控的感觉。所以，要想让孩子积极主动做事，用孩子喜欢的手账是重点之一。

基本上，孩子的规划通常是单调且重复的，所以也可以用记号来标注某些事项。把例行事务记号化，确实是不错的方法——能简化就简化！D女士对点数的设定也很灵活，难度较高的事项，点数就多给一些，这样很好。

D女士曾提到，担心用金钱或其他物品作为奖励的方式不妥，我想其他妈妈也会有这样的顾虑。其实，比起获得点数，更重要的是要让孩子在做的过程中获得快乐和成就感，从而弱化对奖励结果的关注。

或许有的家长对给孩子金钱作奖励这样的做法还是不放心，那我建议将用点数换成的钱捐给慈善团体。

D女士的女儿在使用月历记录后，收获了很好的效果，之后她们改用了手账。她说，使用手账的效果更明显（请参阅第36、37页的附图）。仔细观察附图，我们可以看出，D女士的女儿手账写得认真。

八岁的孩子能够自己设定当月目标，也能记下家人的目标，这的确令人惊讶。使用魔法手账让D女士的女儿变得越来越积极主动。我希望更多的孩子都能尝试使用魔法手账。

> **总结** 　**使用魔法手账术的效果**
>
> - 不必提醒,孩子就能积极行动。
> - 魔法手账让孩子乐在其中。也就是说,孩子不觉得学习单调无趣,也不觉得是在被要求。
> - 做事变得专心。
> - 懂得明确区分学习与玩乐。
> - 学会做规划。
> - 能够自己设定目标。

案例 5

原本就认真学习的小学生，现在变得更积极

E 女士　　小学二年级男生

E 女士的儿子上小学二年级，学习很用功，是个不用父母提醒就会认真学习的孩子，他在使用魔法手账后，也有了惊人的效果。

为什么想尝试魔法手账术

第一次听到魔法手账术时，我其实觉得我家的孩子不需要使用手账，不过后来想到或许孩子使用手账后会有其他的效果，所以才决定试试看。

如何使用手账

我们用的是商店里卖的周计划式手账，孩子选了一本封

面有圆点图案的手账。

让孩子自己计算每周得到的点数，完成的事项就用粉红色荧光笔划掉。

集点数的规则和方法

我为孩子设定了几个常规事项，每完成一项就能得到1点。

·作业（自我挑战、辅导班的作业、学校的作业）。

·开、关窗户及擦桌子。

·准备第二天上学的东西。

·主动锻炼身体。

另外，我们也设定了几个非常规事项：

·帮忙做家务：3点。

·学校考试考满分：5点。

·通过考试：根据难度，与孩子讨论可得多少点，将累积的点数换成零用钱，1个点数换3日元。

这是儿子喜欢的手账，内页主要是周计划表。

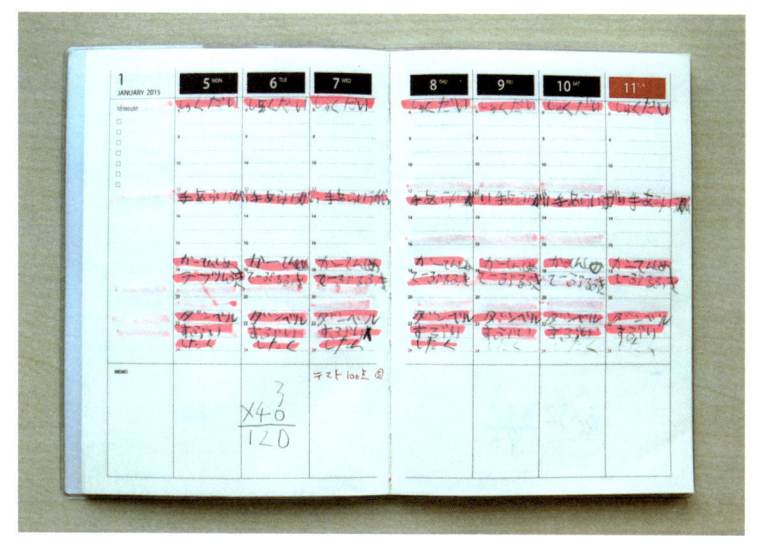

养成习惯
将每天做的常规事项记录在手账中。

孩子有了怎样的改变

我的儿子原本就是比较积极的孩子,他做事时习惯为自己设定目标,比如"我要把不会的事学会""我想考一百分""我想成为运动员,我想成为队长"等,然后努力去实现目标。

他的学习习惯也很好,平时不用我提醒,他自己会记得每天要做的事,并且按时完成。

我之所以想让儿子使用魔法手账,并不是为了提高他学习的积极性,而是要让他了解持之以恒的重要性,让他通过使用手账来确认自己的行为。

在设定红利点数方面,我将考试考满分设定为得 5 点。其实,只要考满分他就很开心了,所以考满分得 5 点对他来说或许有中小奖的感觉。不过帮忙做家务的红利点数他没有得过。

我们对通过等级考试设定了明确的点数。前几天,儿子通过了游泳考试,以往在这种情况下他总是要求买模型当奖品,在开始使用魔法手账后,他要求给自己加点数。原本我感觉孩子只是在以平常心态来记手账,现在看来他对集点数制似乎很

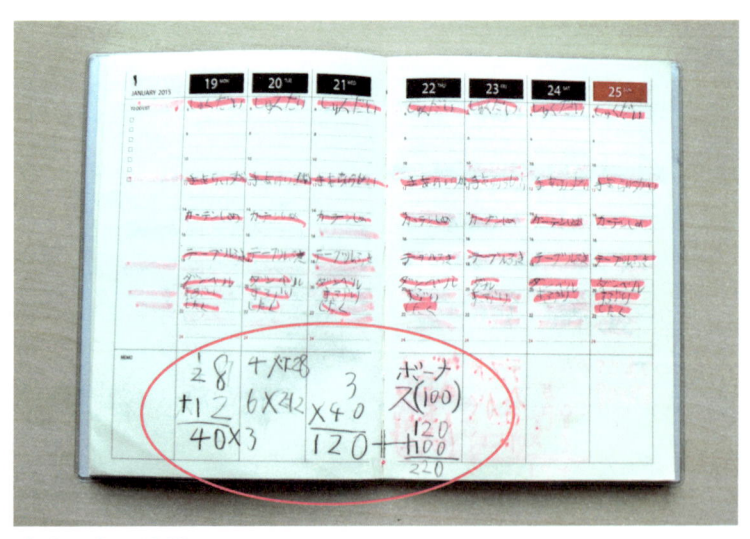

让孩子自己计算
试着让孩子学会自己统计得到的点数。

满意。

我们没有事先设定通过等级考试要给多少点，所以在儿子通过游泳考试后，我直接问儿子："你想要几点？"他告诉我既然学校考试考满分有 5 点，而等级考试更难通过，且考试机会很少，那么他认为自己应该得到 10 点。

我也觉得他说得很有道理，所以依照要求给了他 10 点。

儿子能像这样将自己的诉求传达给对方，我觉得这是意外的收获。在他往后的人生中，当他面临需要自我宣传或发表演讲的场合时，都需要用到这样的技巧，这对他是很好的练习。

作者讲评

E 女士把集点数制度运用得很好。尽管她的儿子已经算是个独立的孩子，但借助魔法手账术，他能更好地了解自己的努力到达了哪种程度，得到了哪些结果。要重视孩子的自主性，不强迫孩子做事。为了激发孩子的积极性，E 女士真的很用心。

以往日本的教育都是采取老师向学生灌输知识的形式，并不太关注孩子的思考和反馈。

那样的做法需要改进，于是很多人提出了主动学习法。

简单地说，主动学习法是以孩子自主学习为主，课堂上注重师生间的互动。

目前日本已有大型的补习班设定了那样的课程。

此外，培养"基本的学习能力＋清晰表达意见的能力（自主性、自立性）"受到重视，这更加接近教育的本质。E女士的儿子拥有扎实的基础学习能力，现在又做到了清晰地表达自己的意见及想法。

使用魔法手账术，能够促使被动学习的孩子变得积极主动，拥有自己的想法，孩子有了更多的想法便能更有效地与别人进行交流。

总结　使用魔法手账术的效果

- 有助于培养自我宣传、演讲以及沟通的能力。
- 精益求精，激发更高的斗志。

案例 6

有多动症的孩子也能自己制订计划

F女士　　　小学六年级女生

F女士有个十二岁的女儿。她被诊断为患有注意缺陷多动障碍（ADHD），也就是俗称的多动症。

F女士说，女儿几乎不会规划自己的事情。所以，当女儿升入高年级后，她听说了魔法手账术，决定试试看。究竟这个女孩有了怎样的改变呢？

为什么想尝试魔法手账术

我女儿因为患有多动症，很不擅长做规划，这让我很烦恼。例如，学校某一周有历史考试，下一周有语文考试，一般其他孩子都会按照顺序先复习历史，再复习语文。但是，我女儿很可能就会一直复习语文。也就是说，她不懂得安排优先级。而且，平常我要求她学习、整理衣物、帮忙做家务，她都完全不理会。我多要求几次，她还会大吼："好烦，我要去做了！"

后来，我听说了使用魔法手账这个方法。

如何使用手账

在写规划的时候，我们会先安排整个月的进度，再把该做的事排成周计划，以这样的方式去实行。我们也因此买了有月计划表与周计划页的手账。

1. 将一周的规划写在备忘页

为了让孩子熟悉一周的日程，我们会先写出上才艺课的时间安排。尽量让孩子自己写，通过视觉化的呈现，减少时间安排上的差错。

2. 将一天的规划写在备忘页

接着，列出放学、上完才艺课回到家之后具体安排的时间表。

让孩子自己写，她便能知道自己的时间该怎样度过。我们还会一边讨论一边规划适当的日程，这样在孩子真正去做这项任务时，他会更有积极性，比较容易获得成就感。

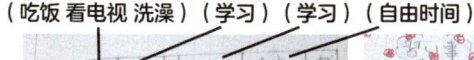

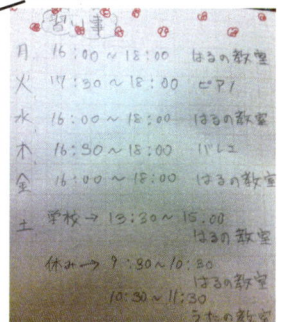

（吃饭 看电视 洗澡）（学习）（学习）（自由时间）

（课外班）
（学钢琴）
（课外班）
（学芭蕾）
（课外班）

（课外班）
（课外班）
（学歌唱）

将每周、每天的例行事项写下，让孩子依计划行动。

现在最令我开心的是，不用我提醒，女儿就能自己照着计划行动，养成了良好的习惯。

3. 将一个月的学习安排写在月计划表中

女儿在制订学习计划时会运用不同的记号做标记，便于更好地把握时间安排。比如先标注好考试日期，再从考试日推算剩下的天数，拟定学习计划。

通常，我们会为复习计划安排充裕的时间。这样，孩子就会因为能够按计划完成复习任务而获得成就感。

用记号做标记，便于更好地安排计划。　　用颜色辅助记录，让孩子更清楚该做的事。

4. 在周计划页写出规划

女儿会在周计划页写出具体要学习的内容（例如，练习册写几页等）。如果有学习之外的安排也一并写在这里。

当要写具体的任务量时，我们会先一起讨论好可以确实完成的任务量，尽量避免写上却做不完的情况发生。孩子也因为自己确定做到了而获得成就感，提高了持续写手账的意愿。

此外，我建议用不同颜色的笔做记录、画画、贴贴纸，让孩子翻开手账就觉得很开心，这样孩子更愿意时常看手账。

孩子有了怎样的改变

现在我女儿已经学会了自己做规划。自从使用魔法手账，她改变了很多，就连等级考试的目标也顺利达成了。

刚开始用手账时，她总是把目标设定得太高，导致经常没几天就放弃做了。后来她改变了做法，只写能够确实完成的事项，完成后就划掉，这样使她非常有成就感。

另外，女儿喜欢在手账里画画或贴贴纸，她每天都以期待的心情去实行计划。我真的觉得孩子变得自信了，并且我们之间的亲子关系也变好了。

作者讲评

F女士的经历中提到她和女儿的亲子关系变好了，这真令人开心。更重要的是，孩子能够自己做，自主性增强了。

不用父母提醒，孩子就能主动完成自己的规划，使用手账的效果通过这个例子再次获得证实。患有多动症的孩子也能有如此大的变化，这是我当初想要推广魔法手账术时从未想过的事。

虽然这孩子没有参加初中入学考试，但她能像这样写手账、做该做的事，已经非常棒了。

> **总结** **使用魔法手账术的效果**
>
> - 孩子学会自己安排计划。
> - 以期待的心情实行计划。
> - 孩子自信心增强,亲子关系也变好了。
> - 能够实施自己的规划。
> - 拥有良好的生活习惯。

第 2 章

制作魔法手账

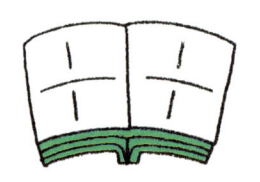

使用魔法手账的四个步骤

通过第 1 章的案例说明,各位看到了因为孩子学习很被动、该做的事都不做而烦恼的妈妈们,是如何活用魔法手账来解决问题的。

我想,各位心里或许已经有了使用魔法手账的想法,对吧?本章将介绍魔法手账的使用方法。

魔法手账的使用方法大致如下:先买一本喜欢的手账,记录每天该做的事,做完了的用红笔划掉。再依情况,制定适合自己家的集点数制度。

基本上分为以下四个步骤:

步骤 1:陪孩子去文具店,选一本他喜欢的手账。

步骤 2:让孩子写下一周的安排。

步骤 3:完成的事,用红笔划掉(没做完的不能划掉)。

步骤 4:周末时,将划掉的事项换算成点数。

接下来我将依序说明各步骤(文中会提到集点数的方法,

各位参考即可，不一定要采用）。

步骤1　陪孩子去文具店，选一本他喜欢的手账

注意，重点是挑选孩子喜欢的手账。因为差不多要用一整年，手账会变成他们的贴身物品。比起买父母想要的手账，买孩子喜欢的，他们会更愿意使用。

这就好比我们与其使用公司或客户送的记事本，还不如自己去店里挑本手账来用，对吧？孩子也是如此。

步骤2　让孩子写下一周的安排

让孩子至少写一个星期内每天应做的事项（例如，做习题、写作业等）。

最好是在星期天写好下一周要做的事，提前写好一个月的规划也没关系。总之，要试着让孩子写出一周要做的事。

让孩子自己写非常重要。手账是帮助孩子自立的工具，如果爸妈老是帮忙写，孩子就永远无法独立。

不过，如果是还不会写字的幼儿园小朋友，确实就需要爸妈帮忙了。也许有人会疑惑：上幼儿园时就写手账？但确

实有幼儿园小朋友使用手账的案例。

读幼儿园就用手账的孩子，通常是因为家中有哥哥或姐姐在用手账。假如小孩看到哥哥姐姐在用，而他自己说也想用的话，那就让他使用。

完成规划进度的秘诀

星期天就让孩子休息，尽可能不做任何安排，这一点很关键。

这是因为孩子在星期六没做完的事情可以利用星期天完成，孩子不会觉得压力大，能够"喘口气"。

各位可能有过在家里偶尔学习，久而久之就变得不想学习的情况吧？这就好比去健身房，如果你只是偶尔去，慢慢地就不想去了。

所以，就算只做一点点也好，要让孩子每天持之以恒地做，让他养成习惯。

记录规划的秘诀

在罗列该做的事项时，可以用些记号来代表要做的事，这样就能缩短写手账的时间。例如，"习题"写成"习"等。

各位在写自己的手账时，是不是也会用这样的方法。

尤其是对于每天例行性的事，记录的内容都一样，用记号来代替就很方便。

步骤3　完成的事，用红笔划掉（没做完的不能划掉）

做完一项该做的事，就用红笔划掉。这个划掉的动作非常重要。有些人会用黑笔画线或是打钩确认，不过相对来说用红笔划掉更有效。

虽然不知道为何会这样，但是根据对过往案例的调查，用红笔划掉是效果最好的方法。

当然，如果孩子坚持想用黑笔、想用荧光笔，或想贴贴纸的话，还是要尊重他们的意愿。因为手账的使用者是孩子，要让他们自行选择喜欢的方式。

使用魔法手账的目的是让孩子对每天该做的事变得主动、积极，并且养成每天都做的习惯。为了达成目的，可以尝试多种方法。我所推荐的方法，只是基于对过往案例的调查，我觉得很有效的方法之一。

解决未完成事项的秘诀

孩子未完成的项目不能划掉，必须在当周内完成。孩子可以利用星期六或星期日来完成未完成的事项，尽量不要把这些事项留到下周。如果孩子真的做不完，那就对他已经做完的部分评分。提醒各位，千万不要扣点数。要让孩子保有写手账的热情。

此外，如果有的孩子总是完不成学习任务，也别跟他说："不可以！""怎么只做一半？""这么一点事也做不到？"这样的话。特别是对于还没养成学习习惯的孩子，他们本来就缺少学习的兴趣，听到那样的话，就会变得更不想去学习。

因此，要认同孩子完成的部分，让他觉得下次要更加努力。如此一来，孩子心里会渐渐产生自我肯定感，进而变成一股动力。

步骤4　周末时，将划掉的事项换算成点数

计算点数时，对于每天该做的事（例行事项）建议设定为一项 1 点（各位可自行决定，但如果数字太大，总数会变得过大，这点请留意）。

例如写生字、做计算题之类的作业，孩子不用花太多时间，很适合每天做。虽然回家写作业是学生必做的事，但其实很多孩子还是会逃避不写，使用魔法手账有助于避免这个问题。

统计点数的诀窍

家长可以利用周日的时间和孩子一起统计点数，先将当周划掉的项目（完成的事）换算成点数，再和之前累积的点数合计。点数增加了，孩子会觉得自己做的事得到了回报，感受到成果的累积，也获得了无形的努力变得具体的真实感。

如同积少成多的道理，点数累积的同时，孩子的成绩也确实在进步，即便是面对熟悉的常规事项也能充满干劲。

集点数制度有利还是有弊

或许有人会有这样的疑惑："用集点数这种方式，不会让孩子变得'只为点数而学习'吗？"又或者有这样的担忧："这么做好像在马的面前吊着胡萝卜，让它往前跑一样。"但是，请各位牢记，魔法手账术不是根据结果（考试考满分等）给点数，而是依据孩子的行动或过程（例如，读完一本书）

而给予奖励。就像有些学校，对整学年每天都来上学的孩子会给予全勤奖一样。其实在幼儿园我们也能发现类似的做法：孩子来上课就能拿到贴纸，并且老师会把贴纸贴进孩子的联络簿里。

总之，建议家长们不要对考试分数之类的结果给予奖励，而是对读书、写作业之类的行为给予奖励，这样更易于调动孩子学习的积极性。

如果您还是排斥集点数制度的话，那就放弃集点数这个环节。只要做到把完成的事划掉即可。即使只是这样，孩子也能收获成就感。当孩子看到自己做的事有了具体的成果，也能让他们产生自我肯定感。

以上是使用魔法手账的四个步骤，规则就是这么简单。

最后，我整理出以下三个关键点。

石田老师的提醒

①陪孩子去文具店,买他喜欢的手账。比起买父母选择的手账,买孩子自己喜欢的手账,他们会更愿意使用。

②点数要只加不减。一定不要以扣点数来威胁孩子。

不过,可以先和孩子约定,如果说谎,例如没做却说做了,那么上个月的点数要归零当作惩罚。

③就算孩子没完成该做的事,也不能说:"不可以!""做事怎么只做一半?""这么一点事也做不到?"这类否定的话。

提高十倍效果的四个重点

接下来,我再针对使用魔法手账的细节进行说明。

前文提到的四个步骤是基本方法,而下面叙述的四点,则可以大大提高孩子的积极性和实施魔法手账术的效果。

重点 1　设定红利点数

采用集点数制度的话,除了对每天例行的固定事项给予点数外,可以再针对其他特殊事项设定红利点数。也就是说,红利点数不是针对每天例行要做的事而设置的,而是在特殊情况时或某一段特定时间内完成的任务才会给红利点数。

例如,在学校考试考满分得 10 点;通过等级考试(英语、游泳等)得 15 点;帮忙做家务(叠衣服、打扫浴室、洗碗、打扫房间等)得 2 点;等等。

关于考试的点数,其实有很多设定方式,考到满分才给红利点数或考到某个分数以上就给红利点数都可以，不过建议让孩子把学习的目标设定得稍高些，这样有利于之后的进步。

有些家庭会给帮忙做家务的孩子零用钱当作奖励，事实上确实有很多父母会这么做。那样做并不是不好，只是我建议把做家务设成可以兑换红利点数的项目，点数积累到一定数目后可以兑换成零用钱。这样的话，孩子不仅会清楚地知道自己做了多少家务，还有可能主动去做更多的家务。

虽然孩子有可能只是为了拿到点数才去做，但对这种情况不用过于担心。等孩子习惯了做家务后，点数会变成象征性的记录，他们帮忙做家务不再只是为了得到点数。不过，如果有的孩子平时已经在经常做家务，那就不需要刻意采用集点数制度，维持现状也没关系。

要是不想采用集点数制度，可以制作一张帮忙做家务记录表，让孩子了解自己对家庭有多少贡献。无论如何，关于这一点，请各位根据家中的情况自行判断。

重点 2　制定家规

每周统计点数时，确认孩子有没有确实遵守事先定好的家规（未使用集点数制度的话，请定期找时间确认）。

多数家庭的家规都和道德、伦理和秩序有关。

例如：不可以说谎

要遵守约定

不说负面情绪的话

打招呼要有精神

每天都要吃早餐

做完事情要整理

不轻言放弃

懂得体贴别人

早睡早起

早睡早起、吃早餐这种类似标语的家规简单明了，孩子比较容易记得住。我在这里介绍的重点，只是我平常教导学生的部分内容。如果还有其他希望孩子遵守的事，请各位家长依照各自的家庭情况制定。

把家规写下来贴在墙上这种做法，虽然很常见但却不一定有实质效果。因此，建议家长在每周日统计点数时，和孩子讨论有没有遵守家规，并视情况给点数。这么一来，一周至少有一次机会能够提醒孩子在家该遵守的事。大概三个月的时间，孩子就会逐渐养成遵守家规的习惯，这对他们的人格形成也有帮助。

十八世纪时，美国人本杰明·富兰克林曾经提出知名的十三项美德（节制、决心、秩序、诚信等）。据说他为了达到那十三项美德目标，每周专注实行一项。也就是说，一周专注践行一项美德，有助于人格的形成。当时富兰克林已经是成人，可以靠意志力与信念达成目标，但对孩子来说，严格遵守家规、践行美德并不容易。

所以，家长每周末陪孩子一起确认有没有遵守家规，是让孩子养成好习惯和培养其道德观念的好机会。

重点3　设定做例行事项的时间

将每天要做的事写在魔法手账里，完成了就用红笔划掉，做起来很简单。

不过，就算把要做的事写进手账里，也会有没做完的时候。例如孩子想看电视、看漫画、想和朋友玩时，要他静下心学习实在很难。使用魔法手账的孩子，很多在刚开始时都遇到过这种情况。

孩子心想："反正今天已经规划好啦！"于是他满脑子只想玩，错失了做事的时间。为了避免发生这种情况，在写手账时请设定好做具体任务的时间。比如5～6点写作业。

其实不只是孩子会因为没确定时间而忘记实行计划。之前我办过许多以社会人士为对象、讨论时间管理的演讲或研讨会，其中不少人也说自己有这样的问题。换言之，只在手账里写好待办事项清单，却没决定好一天中的什么时候要做什么，很容易导致到头来什么都没做的结果。

转换状态的训练

在手账里写出几点开始做习题、几点开始玩，像这样把时间安排好。不过，或许有人会想："让孩子被时间绑住太可怜了，应该让他们自由一点吧"。但我不认为那是"被时间绑住"。例如设定成：下午5点开始学习1小时，6点再玩。这么做能帮助孩子感受生活节奏，所以尽量确定好时间。

然而，有些孩子整天都在玩，但学习成绩却很好，这种情况很少见（我也遇到过几个这样的孩子），这种类型的孩子往往智商都非常高。他们能在非常短的时间内掌握事物的重点，拥有异于常人的专注力与记忆力。这种类型的孩子在运动、学习、音乐及绘画上通常也会有出色的表现。这样的孩子是可遇而不可求的。

回归正题，假如孩子习惯了拖沓、懒散的生活，若想再改变是非常难的。

所以，写手账时明确好做每项任务的时间，孩子更容易改变拖沓的状态，从而积极采取行动。

有适合做时间规划的手账吗

我认为周计划表跨页竖排的手账很适合做时间规划。周日陪孩子一起统计点数时，要顺便写好下周规划事项的完成时间。

重点 4　兑换点数

关于集点数制度，内文已经提及数次。不过，常有人问我："累积的点数该怎么处理？"一般来说，累积点数可兑换商品或现金抵用券，还可以兑换成钱并让孩子捐给慈善机构。

累积的点数最常见的方式是换成零用钱。用点数兑换零用钱不是每个月给孩子固定的金额，是依照孩子的表现给不同数目的零用钱。

部分家长认为图书礼券之类的现金抵用券的用途有限制，可以放心给孩子。比如 500 点换 500 日元的图书礼券。也有不少父母会帮孩子开户存钱。把点数换成存款也是不错的方式。

这些方法都是将点数换成金钱。"每天努力就有钱拿，

竖式周计划表手账范例（小学生）

	一	二	三	四	五	六	七
7:00	汉语 （10分钟）	汉语 （10分钟）	汉语 （10分钟）	汉语 （10分钟）	汉语 （10分钟）	汉语 （10分钟）	汉语 （10分钟）
8:00							
9:00							
10:00							
11:00							
12:00							
13:00							
14:00							
15:00							
16:00							
17:00	学校作业 练习题	练习题	学校作业 练习题	练习题	学校作业 练习题		约定事项 等的确认 点数统计
18:00							安排下周 预定事项
19:00		帮忙做家务		帮忙做家务			
20:00							
21:00							

本周的约定事项
· 守时（早睡早起）　· 完成整理
· 不忘东忘西

这种教育观念对孩子不好！""孩子会变成为了钱学习。"……或许有人会因为这些想法而排斥把点数换成零用钱。

但是，把点数换成零用钱的妈妈们都说："刚开始时，确实对把点数换成钱这种做法很担心。不过，最后的结果证明这样做对孩子的金钱教育确实有帮助。"

零用钱是孩子用努力换来的报酬。家长可以利用这个机会让孩子学习如何妥善运用金钱。这么想的话，把点数换成钱不是很有意义的事吗？我认为，孩子不做任何努力，每个月都能拿到零用钱才是有问题的做法。

给孩子零用钱之外的方法

将用点数兑换的零用钱捐给慈善团体也是不错的方法。这样的话，孩子知道自己每天努力的成果帮助了其他有困难的人。

"我也能维护世界和平，我的努力帮助了许多人。现在我能做的，就是每天好好学习，培养健全的人格。"如果孩子会这么想，那是多棒的事。像这样，将自己每天的努力与做善事相结合，也是集点数制度的好处。

捐款这种文化，在欧美各国早就习以为常，在亚洲地区却不普遍。虽然发生重大事故或灾害时，社会各界会立刻发起捐款活动，但在日常生活中，做义工或捐款的观念仍待普及。做义工或捐款与其说是抱着给予帮助的心态，不如说是得到帮助别人的机会。帮助他人能让人内心变得充实。

我认为培养孩子做慈善的意识，对孩子形成健全的人格是非常重要的。

用点数换物品，万万不可

建议各位最好不要让孩子用点数兑换他们想要的奖品。事实上，用这种做法并不妥。

为什么呢？因为往往孩子得到想要的奖品后，积极性就会消失。这种奖励方式短期内实行或许有效，但魔法手账术是要培养孩子的习惯，中途失去积极性就没有任何意义了。所以，不建议各位用点数兑换奖品。

另外，不想兑换点数的话，也可将统计结果做成图表，以"可视化"的方式让孩子了解自己努力的成果，进而激发孩子的积极性。

魔法手账的三大优点

说到手账，一般人大多会想到用来管理行程、记录规划的备忘录。魔法手账确实也有那些用途，但那些并非全部。

接下来，我将说明我使用魔法手账的目的。简单来说就是帮助孩子在孩童时代养成正确的习惯。使用魔法手账有三大优点。

优点 1　培养孩子积极的心态

我从事教育工作至今，已经超过三十年，在此过程中明白了许多的道理。有一点我觉得特别重要，那就是做事的"得"与"失"在于人的心态。为什么有的孩子对学习总是抱有消极的想法，不愿意积极面对？有的孩子看漫画或打游戏时可以很投入，学习时就做不到那样专注？

原因之一是，孩子不了解学习的真正乐趣。在这方面，家长需要做的工作也很多。有的家长认为学习是义务，考试必须考高分。于是，孩子受到影响，产生了相同的想法。反之，如果大人对学习这件事乐在其中，孩子就有可能也会觉得学习很有趣，激发出好奇心。任何孩子，只要被激发起求知欲与好奇心，都能发挥很大的潜力。要让孩子知道学习很有趣、很快乐。

当然，要达到这个效果，首先孩子必须投入学习才行。可是，如果孩子对学习抱有否定的心态，就很难学下去。很多孩子往往学到一半就放弃，甚至消极地认为自己再努力也是白费。如果变成那样，想改变孩子的心态恐怕很难，除非找相当专业的老师帮忙，因为孩子心中已经认定学习是令人讨厌的事。

本书所介绍的魔法手账术，能够帮助孩子消除对学习的消极想法。同时，通过运用手账激发孩子的学习动力。

以打游戏为例，但一般只要过关就能得分。也就是说，玩游戏获得的奖励不仅在于最后通关的结果，而且还有通过各个关卡时得到的过程分数。

魔法手账术的设计也是如此。不管做什么任务，魔法手账术基本上都是针对过程给予奖励。千万不要认为给奖励像是在用饵让孩子上钩。你这么想就错了！给奖励是对孩子的努力给予评价。

有了好评价，孩子就会产生成就感。有了成就感，孩子自然想继续做下去，然后逐一完成该做的事，对自己的表现感到满意（自我肯定感），建立起自信。自信能让孩子变得更积极，收获积极的心态。

或许有人会担心，如果孩子中途受挫，岂不是会助长他消极的心态。其实写在魔法手账里的事，就算没有全部完成，已经完成的项目还是能得到积极的评价。目前为止，我还没听过使用魔法手账的人出现那种令人担心的情况。

而且，往往孩子因为想多得到一些评价，对于做不完的事，多半会抱着想做的积极心态。

优点 2　提高孩子的学习能力

根据我的经验，提高学习能力的方法大概可以分为三类。首先，提高综合素养。其次，改正生活习惯。最后，学与思相结合。

有的人在做事的时候，旁人看了感觉很辛苦，但当事人本身却不觉得，这种情况很常见。因为一旦养成努力的习惯，便不需要刻意想着我要努力。

学习也是如此，只要保持一贯努力的习惯，就不会觉得学习很辛苦。

"虽然辛苦但仍想挑战"和"因为辛苦所以不想再继续"，这两种心态对孩子以后人生的影响会有很大的差异，这就是重点所在。这么说的话，相信各位都能明白养成习惯是多么重要了。

从第1章的案例可知，使用魔法手账的孩子变得想学习，自然会努力学习，考试取得好成绩，进而激发学习的积极性，从而形成良性的循环。而且，用的还是很方便找到的手账，大家都能做到。只不过为了让使用的人变得积极主动，花费了一番心思罢了。

优点3　帮助培养孩子健全的人格

使用魔法手账有助于培养孩子健全的人格，对此或许会有人感到疑惑。

我认为手账不只有行程表、备忘录的功能，使用手账还有助于人格的形成。养成学习习惯后，孩子更容易获得自信，勇于面对困难，这是使用魔法手账的最大目的。

不过，看看现在的孩子所面临的社会环境，霸凌问题、叛逆的行为、不当的生活习惯、盲目地跟风等问题变得越来越严重。

将道德培养视为正题导入学校教育，也许是改善这些问题的方法之一。但最重要的应该是在家中帮助孩子培养健全的人格。

孩子往往在父母不知情的状况下，受到外界的各种影响，逐渐形成自己的价值观。若是正确的价值观倒还无妨，如果是错误的该怎么办？

因此，推荐大家使用魔法手账。在手账中清晰地写出平时至少该遵守哪些约定事项，并养成看手账确认事项是否完成的习惯。同时建议您制定几条家规，利用魔法手账确认孩子是否能在一整个星期里都遵守。

如果只是确认是否完成任务的话，效果可能不太好，所以建议大家采用集点数制度。培养孩子的人格和树立正确的价值观这些看似与手账没有关联的事，其实使用魔法手账也能见到成效。衷心期盼能够帮助各位的孩子迈向幸福人生。

提高积极性的方法

要了解如何提高孩子的积极性,可以先了解动机。动机有两种:外在动机与内在动机。

内在动机是在内心产生干劲,将好奇心转化为动力,积极展开行动。外在动机则是通过其他人或制度等外界的力量,激发斗志、展开行动。

例如,一个人如果因为工作有趣,所以做得很起劲,这是内在动机。若他是因为加薪,所以努力工作,这是外在动机。

教育学上认为内在动机比较好,我也是这样认为的。

目前,常见的提高孩子学习动机的方法主要有以下三种:

① **说教,说服孩子理解。**

② **填鸭式教育,当孩子觉得自己掌握了知识后,多少会产生一些动力。**

③ **遇到好的指导者,了解学习和求学的乐趣。**

我对这些方法是否能充分产生内在动机持怀疑态度。如果是①，失败了就会起到相反的效果（通常是以失败收场）。说教的目的只是强迫孩子学习，无法让他们了解学习的乐趣。假如孩子身边有能够好好指导他的人，孩子受到对方人格的影响，提高内在动机，很有可能会展开行动。

至于②的问题是，在孩子觉得学会了之前，是否有足够的意志力支撑他学下去。可能有些毅力坚定的孩子会一直坚持学习，但这样做也有可能会对孩子造成不好的影响。这个方法可以说是一把双刃剑。

如果是③，若碰巧遇到好的指导者是很幸运的，要是遇不到怎么办？

这么看来，想要激发孩子对学习的内在动机是很不容易的。到底怎么做才能激发孩子内在的潜力呢？

为了激发内在动机，我利用了魔法手账这个外在动机。

如前文所述，这个外在动机就是集点数制度。而且，不是出现结果才给孩子点数，而是完成一项作业（任务）就给点数。通过外在动机可以激发孩子的内在动机。

如果说外在动机是孩子养成习惯的"火种"，之后的内在动机就是孩子养成好习惯的发动机。内在动机无法立即产生，但外在动机能够激发内在动机。

本章重点梳理

- 使用魔法手账的四个步骤

步骤1：陪孩子去文具店，选一本他喜欢的手账。

步骤2：让孩子写下一周的安排。

步骤3：完成的事，用红笔划掉（没做完的不能划掉）。

步骤4：周末时，将划掉的事项换算成点数。

- 提升十倍效果的四个重点

重点1：设定红利点数。

重点2：制定家规。

重点3：设定做例行事项的时间。

重点4：兑换点数。

- 魔法手账的三大优点

优点1：培养孩子积极的心态。

优点2：提高孩子的学习能力。

优点3：帮助孩子培养健全的人格。

第 3 章

这时候该怎么办?
关于魔法手账的问与答

魔法手账的使用方法很简单，配合孩子的个性和各自家庭情况使用，能发挥更好效果。不过，在使用过程中大家难免会产生各种疑问。因此，本章汇集了一些常见的疑问，并做出解答，希望帮助各位在使用魔法手账时能更加得心应手。

关于手账的使用方法

大多数孩子喜欢用活页手账

Q 我陪孩子去买手账时，他一直吵着说："我就是要用活页手账。"而且还说想买很多不同的活页本。虽然我可以理解孩子想学着用大人用的东西，可是考虑到使用的方便性，我觉得那种手账并不合适。我应该尊重孩子的意愿吗？

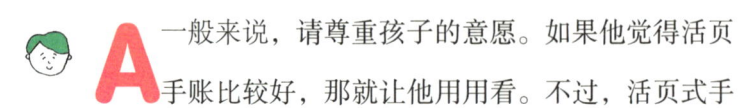

A 一般来说，请尊重孩子的意愿。如果他觉得活页手账比较好，那就让他用用看。不过，活页式手

账的价格通常比较贵，不妨让孩子先用普通手账累积到一千点后，再换成活页手账。无论如何，都请让孩子对使用手账这件事保持积极的心态。

可以用贴纸代替红笔吗

Q 我家的孩子非常喜欢贴纸。对于完成的事，比起用红笔划掉，他总是想在完成事项旁边贴贴纸。我也觉得这样挺有趣，但是写手账并不是玩游戏，这么做没关系吗？

A 当然可以贴贴纸，只要能够持之以恒。贴纸总会有用完的时候，用完了就得买，只要你不觉得买贴纸很麻烦，那倒也无妨。

在孩子看来，记魔法手账或许是一种游戏，不是被他人约束的义务。删掉完成事项的乐趣和贴贴纸的乐趣是他们使用魔法手账的动机之一。

虽说看起来像在玩游戏，但完成的事项并非游戏。把学习这样单调的事和使用魔法手账这样有趣的活动结合起来，能帮助孩子对学习产生动力。

做图表来统计点数，能提高孩子的学习意愿吗

Q 因为孩子想清楚了解累积了多少点数，所以我想做图表来统计点数。请问周式图表和月式图表，哪种更能提高孩子学习的意愿？

A 这个问题问得好！做图表来统计点数，确实能提高孩子学习的意愿。

不过，如果孩子能够自己做图表，请让他自己做，刚好把做图表当作学习的一部分。当然，若孩子年纪还小的话，父母可以从旁协助。

至于要做成哪一种图表，您自行判断即可，但根据我过去的经验，周式图表会比较好。月式图表间隔时间太长，做成图表也有点麻烦。

在大家每周统计点数时，可以顺便做好图表。

关于手账的记录

未完成的事项该怎么处理

Q 如果手账里的事项有的没有按计划完成,对此有没有什么好的建议?

A 基本上最好是在一周内做完本周所有的事项。因此,不要在周日给孩子安排任务,让孩子利用周日完成当周未完成的事。

如果在周日还是做不完,请先酌情调整计划,重新安排下周该做的事。尚在小学阶段的孩子,该做的事累积得太多,可能会让他丧失做手账的兴趣。

一般情况下,小学生的学习任务并不重,大多数孩子在周日的中午前就能做完未完成的事。

想多写点儿手账的内容

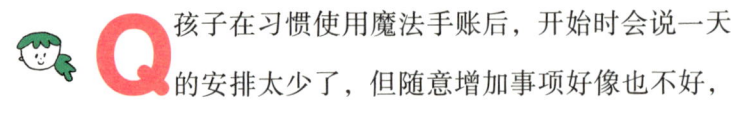

Q 孩子在习惯使用魔法手账后,开始时会说一天的安排太少了,但随意增加事项好像也不好,请问我该怎么做?

A 魔法手账是要让孩子习惯去完成规划的事项,的确不该随便增加事项。但是,既然不是父母想增加事项,而是孩子自己想那么做,不妨试着增加。要是做不完再减少事项即可。

孩子没有每天划掉已完成事项的习惯

Q 我认为魔法手账里每天已经完成的事,最好当天就划掉。但我家孩子总是累积好几天才一起划掉。

请问,怎么做才能让孩子养成每天划掉已完成事项的习惯呢?

A 每天划掉已完成事项,相当于为这一天做了一个总结,也代表没有忘记该做的事。所以,每天划掉已经完成的事项比较好。

想让孩子养成习惯，不妨这么做：例如，让孩子做完已经养成习惯的行为（如刷牙等）后，即划掉手账上的那一项。刚开始，还是得经常提醒孩子，但时间长了他可能就会形成习惯了。

孩子总是不做某一件事

Q 我家的孩子每天都会写手账，也不会忘记把已经完成的事划掉，但我发现他就是不做某一件事。实在很想问他为什么不做那件事。我到底该怎么办才好？

A 我想，你必须和孩子一起思考为什么他不做那件事，这也是教育孩子学会分析原因的好机会。是因为不想做还是想等一下再做，像这样试着分析。

有的孩子吃东西时也是如此，他会把讨厌的食物留到最后，最终也没吃。这种时候，可以让孩子先把他讨厌的事做完。将喜欢的事先搁着，就算最后去做这件事，孩子还是会充满兴趣，比较容易完成。

完成的事很少，一直这样该怎么办

Q 该做的事都写下来了，完成并划掉的却很少，真是令人头痛。

这种时候，需要跟孩子说什么？"好好加油，多划掉一些"，还是"只写你可以完成的事就好"，或是什么都不说，静静观察？

A 为什么划掉的事很少，我认为这也必须要分析原因。孩子要做的事太多时，必须筛选孩子能够做到的事。建立"达成——想做更多"这样的模式很重要。

使用魔法手账的主要目的是让孩子保持积极的心态并且养成好习惯。因此，不要对孩子说："好好加油，多划掉一些。"也不要说："只写你可以完成的事就好。"问问孩子为什么没有划掉那些事项。让他思考，想一想自己该怎么做比较好。然后再鼓励孩子积极去做，或许改变完成不同事项的顺序，就能解决这个问题了。

关于点数的疑问

孩子说他想把点数兑换的存款提出来

Q 因为点数不能换成物品，所以我把点数换成零用钱，或是存起来以便将来使用。若是零用钱，可以适度地给孩子一些，但孩子最近总是说他想把钱提出来。作为父母，实在不想让孩子身上带太多钱，请问有没有什么好办法？

A 想把存款提出来用，孩子会这么想很正常。重要的是，要教导孩子树立正确的消费观。

通常，孩子有钱就想要马上去买东西。只是如果放任不管，将来可能会出大事。因此，请先确认孩子把点数换成钱是要买什么。节俭简单的生活对孩子的将来会更有益处。许多名人在小时候都过着简朴的生活。

另外，当点数可兑换的金钱达到一定数额时，家长可以到银行开户把钱存起来。然后把存折给孩子看，告诉他已经存了多少钱，存那笔钱是为了以后的需要，如果有必须要买的比较贵的东西，可以用那笔钱。

可以中途提高点数吗

Q 孩子最近似乎对写魔法手账有点腻了，还会偷懒不写。我在想是否该提高点数，或是给他奖品，像特别奖那样。请问我可以这么做吗？

A 我想这种情况其他父母也曾遇到过。思考对策前，必须先想想原因。孩子为什么腻了，为什么偷懒不写。不仅是做手账，做任何事都可能遇到这种情况，与其思考对策，不如先分析原因。

首先是分析孩子为什么偷懒不写。我猜那是因为孩子还没养成写手账的习惯。因此，家长在察觉到孩子不想写的时候，可以问问孩子有没有把完成的事划掉，要让他习惯手账的存在。

然后再分析孩子为什么腻了。这可能是因为孩子不觉得做了会有结果。也就是说，他不明白学习与成果之间的关联。

这时候，又轮到各位家长上场了。请告诉孩子努力和收获之间的关系。

告诉孩子，每天很努力地学习会带来怎样的成果，并且不断地称赞孩子。

如此一来，孩子就能理解每天实实在在的努力是会产生成果的，原本厌烦的感觉可能就会渐渐消失。

因为很忙，没办法陪孩子统计点数

Q 我和孩子约好周末一起统计点数，但因为我工作忙碌，很难抽出时间陪孩子计算点数。请问可以两周或是一个月统计一次点数吗？还是说，一定要每周结算点数？

A 基本上是一周统计一次点数。如果要称赞孩子表现得很好，一周一次不是更好吗？视情况改成两周一次其实也没关系，只是间隔拉得太长，可能会忘记统计点数。

不过，统计点数差不多一两分钟就能做完，就算再忙，还是可以抽出这点儿时间的。尽可能每周和孩子沟通一次，与孩子对话，称赞他一星期以来的努力，这么做有助于孩子的成长。

孩子对得到的点数不满意

Q 我把红利点数设成：考试考八十分以上得10点。但考了一百分的孩子听到得10点后，露出不满意的表情。考满分是很难得的事，这种时候是不是应该再加几点？

A 在这种情况下，孩子可能会说："亏我那么努力！"孩子有这种反应是正常的。各位必须留意"满分很特别"这件事。

考满分等于完全没有出错，这和考九十九分还是不一样的。因此，设定红利点数时可以告诉孩子，考八十分以上得10点，考满分的话再加5点。当然，一切还是要结合各自家庭的实际情况而定。

与孩子相处时的疑问

父母不可以做的事是什么

Q 和孩子一起尝试使用魔法手账时,父母有没有什么不可以做或是应该注意的事呢?

A 应该注意的事,前文已经提过,在此重新列举几项提醒各位:

① **别对孩子说快去学习!**

如果您很在意孩子不学习,请对他说去做该做的事。假设你是孩子,你会希望父母怎么说?这么想自然能理解为何要那样做了。

② **孩子学习时,不要在旁边看电视或聊天。**

孩子学习的时候,父母在一旁做自己喜欢的事,孩子心里难免会想:"为什么我得学习,大人却可以想干吗就干吗。"因此,孩子学习时,家长为他们营造良好的学习环境很重要。

切记孩子不太会听父母的话，但会模仿父母的行为。

③ 尽可能维持规律的生活作息。

在周末，一家人的生活作息容易被打乱。大家经常晚上很晚才睡，隔天很晚才起床，有时甚至连早餐也不吃。如果可以，尽量让孩子每天都过有规律的生活。

孩子很容易因为大人的疏忽而导致生活节奏被打乱。一旦孩子周末的作息不规律，一定会影响到他下周的作息，这点必须要留意。但有些家庭，父母与孩子的生活作息就是会有差异。即便不容易，还是要尽可能让孩子维持规律的生活作息，这点很重要。

孩子说谎怎么办

Q 我发现孩子开始出现欺骗的行为。明明没做的事，却当成已经做了的划掉。除了直接责骂，有没有其他的能让他反省的好方法？

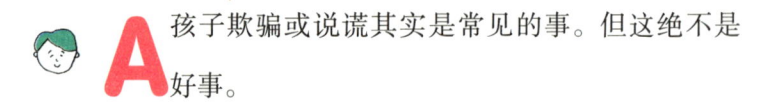

A 孩子欺骗或说谎其实是常见的事。但这绝不是好事。

孩子为什么骗人，为什么说谎？无非是为了得到点数，或是不想惹爸妈生气，又或是觉得做了就能被称赞。若不是这样，他早就放弃写魔法手账了。重要的是，必须要有孩子有时会说谎的认知。然后，告诉孩子："如果你说谎，点数要全部归零。"

不过，要是将已经累积了好几个月的点数全部归零，孩子可能会因为得从头来过而觉得麻烦，然后变得讨厌手账。如果担心变成那样，可以先把过去一周或一个月的点数归零，给孩子重来的机会。

孩子说谎的时候，也是教育他的最佳时机，请勿错失这个机会。要让孩子知道说谎是不对的行为，但别用责骂的方式，要好好开导他。

如何提高孩子的兴趣

Q 站在父母的立场，我是很想让孩子继续使用手账，让他养成自主学习的习惯。不过，我家孩子对用手账好像没兴趣。有什么好方法可以帮助他提高兴趣吗？

A 除了手账，孩子对于父母做得很开心的事，或是做起来家庭气氛很愉快的事都会产生兴趣。想要提高孩子写手账的兴趣，一种很好的方法是：父母积极地鼓励孩子写手账，并参与其中陪孩子一起做。

此外，我认为运用魔法手账就像"玩游戏"。游戏的内容是学习等行为。用玩游戏的心态使用手账，可以提高孩子的兴趣。

孩子在手账上动歪脑筋

Q 孩子知道如果写很多要做的事，可以累积很多点数，所以动了歪脑筋。请问，如果他能全部做到的话，应该让他随便写吗？

A 这种情况我也经历过。例如，学校老师留了朗诵作业。一天之内要读文言文和成语，全部读完只要3分钟，孩子却把朗诵作业分成三项写在手账上，于是每项各得1点，总共可以拿3点。

这种时候，我会和孩子沟通，告诉他这只能算1点。孩子心里也明白，所以能够接受。

对于这种情况，我们判断的标准是时间。能在短时间内完成的事就不要分开做。如果一项任务的工作量很大，分开做比较妥当时才要将其分开。

孩子吵着要买新手账

Q 孩子愿意持续记手账是好事，但每次去文具店，他都会要求买新手账。当下用的手账明明才刚写不久，页数还剩很多。为了维持孩子的积极性，应该买新手账给他吗？

A 这也是宝贵的教育机会，请教导孩子不要觉得新的东西比较好。

手账是要用一年的东西，孩子想买新手账的话，请他等到隔年再买。不仅是手账，对任何东西都不该养成喜新厌旧的习惯。

后记
让孩子保持"绝对积极"

我已有从事教育工作多年的经验,也指导过不少老师。我们教育孩子时,总是着眼于督促孩子学习这件事。我们希望孩子能提高成绩、考上目标学校。在学习过程中,最重要的是让孩子经常保持积极的心态。

我认为不能把焦点只放在指导方法上,而忽略学生的心理状态。近来陆续有心理咨询师进驻校园,为孩子进行心理辅导。但是,那只是对内心有某些问题的孩子所做的特别治疗,无法照顾到其他大多数的孩子。

虽然有些人认为,压力能使人产生斗志、有所成长,但是也有许多事不是靠压力就能促成的。尤其是孩子在社会上普遍处于弱势,周遭的大人必须为他们提供合适的环境。

在孩子小时候,大人能为他们做的就是提供基本的学习环境,我认为让孩子保持"绝对积极"的心态是重点。在我看来,"绝对积极"是指有自信、有勇气且怀抱希望。因此,必须让孩子学会独立,可是许多父母总是什么事都要干涉孩子,有时却又对孩子放任不管。

后记

我常听到家长说："不知道怎么办才好。"但"应该怎么做"才是现代教育真正需要的诉求。于是，我想出运用魔法手账这个方法，作为解决问题的手段之一。相信各位读完本书后都会了解到，手账是很简单的工具，而且不是一定得用某种手账。请利用这个方法，开始使用专属于各位的魔法手账吧。若本书能为各位家长带来些许帮助，我也会感到很荣幸。

"到现在已经过了好几个月，孩子仍然持续在用手账。就算没写规划，孩子也会主动去做！"

"孩子了解到金钱的重要性！"

"孩子们的基础打得很稳，真的很感谢！"

"现在就算我因哄小女儿睡觉而跟着睡着了，大女儿也能自己完成每天要做的事。"

如今，我还能经常听到像这样令人开心的感想，谢谢各位的分享。

此外，Discover21 编辑部的三谷祐一先生也给了我许多建议。如果没有三谷先生与其他同仁的帮助，这本书就没有机会问世，在此致上由衷的感谢。

石田胜纪